历史真好玩

遇见海盗

(英) 詹姆斯·戴维斯 (James Davies) / 文图

李科 / 译 贾平平 / 译审

化学工业出版社
·北京·

图书在版编目（CIP）数据

遇见海盗／（英）詹姆斯·戴维斯（James Davies）文图；李科译. —北京：化学工业出版社，2020.1(2025.4重印)
（历史真好玩）
书名原文：Meet the Pirates
ISBN 978-7-122-35731-1

Ⅰ.①遇… Ⅱ.①詹… ②李… Ⅲ.①海盗-历史-世界-儿童读物 Ⅳ.① D59-49

中国版本图书馆 CIP 数据核字（2019）第 252657 号

Meet the Pirates
Text and Illustration copyright © 2019 by James Davies
Design copyright © 2019 by Big Picture Press
First published in the UK in 2019 by Big Picture Press,
An imprint of Bonnier Books UK
The Plaza, 535 King's Road, London, SW10 0SZ

Designed by Marty Cleary
Edited by Joanna McInerney, Isobel Boston and Phoebe Jascourt
Consultant: Daniel Lange

本书中文简体字版专有出版权经由Chapter Three Culture独家授权，由化学工业出版社有限公司独家出版发行。未经许可，不得以任何方式复制或抄袭本书的任何部分，违者必究。
本版本仅限在中国内地（不包括中国台湾地区和香港、澳门特别行政区）销售，不得销往中国以外的其他地区。

北京市版权局著作权合同登记号：01-2019-5507

出 品 人：李岩松　　　　　责任编辑：笪许燕　汪元元
版权编辑：金美英　　　　　营销编辑：龚 娟　郑 芳
责任校对：刘 颖　　　　　装帧设计：付卫强

出版发行：化学工业出版社（北京市东城区青年湖南街13号 邮政编码100011）
印　　装：盛大（天津）印刷有限公司
889mm×1194mm 1/20 印张4 字数 50千字 2025年4月北京第1版第8次印刷

购书咨询：010-64518888　　　售后服务：010-64518899
网　　址：http://www.cip.com.cn
凡购买本书，如有缺损质量问题，本社销售中心负责调换。

定　价：40.00元　　　　　　　　　　　　　　　版权所有　违者必究

目录

海盗是谁？	2
北欧海盗	4
北非海盗和加勒比海盗	6
私掠船	8
克里斯托弗·哥伦布	10
海盗的黄金时代	12
形形色色的海盗船	14
海盗船的构造	16
海盗的传说	18
海上导航	20
海盗的生活	22
认识船员	24
海盗的服饰	26

规则和惩罚	28
一个人的海岛	30
海盗旗	32
海盗的饮食	34
危险的疾病	36
海盗的武器	38
海盗的战利品	40
女海盗	42
黑胡子船长	44
著名的海盗	46
海盗天堂	48
戴维·琼斯	50
海盗的覆灭	52
今天的海盗	54
海盗时间表	56

许多世纪以来，海盗给世界各大洋带来了很大的麻烦，他们袭击船只，抢劫财宝，把水手们扔进大海。他们戴着大檐帽，穿着时尚的衣服，除了这些，我们似乎对这些猖狂的海上劫匪一无所知。

海盗的故事可以追溯到2000多年前的古希腊。当时，神出鬼没的海盗们聚集在贸易航线上，抢劫过往船只上的财宝。之后的几百年，海盗成为一个大问题——就连罗马统帅尤利乌斯·恺撒都曾被他们绑架过！

我只想去度假！

你会喜欢上我们的船！

从那以后，海盗越来越多。下面就让我们来了解一下海盗。你准备好了吗？

北欧海盗

维京人是最早的海盗之一,他们善于航海。从公元800年到1066年,他们在北美、北非和地中海等地到处抢劫。为了吓唬人,他们给自己起了一些恐怖的外号,比如"无骨者伊瓦尔"和"血斧埃里克"。这俩人倒真有可能是夫妻!

叫我"猫脸马格努斯"就行。

哦,好吓人!

维京人来自北欧的瑞典、丹麦和挪威,这些地方又潮湿又寒冷,位于现在的斯堪的纳维亚地区。他们驾着龙头船疾驰而来,抢劫沿海的村庄,所到之处,一扫而光。

北非海盗和加勒比海盗

海盗是对海上各种恶棍、无赖的统称。其实，在不同地区作案的海盗有不同的名字。在地中海地区抢劫的海盗被称作"北非海盗"。从1096年开始，他们参加了一连串名叫"十字军东征"的战争，那是宗教战争。

海盗把海洋闹得鸡犬不宁,很多国家对此都很头疼。因此,他们颁布手写的许可证,允许水手抢劫海盗的船和据点。这些船被称为"私掠船",他们每完成一次抢劫,就会得到一部分财宝作为奖赏。

最著名的私掠船船长是英国海军上将弗朗西斯·德雷克,在1572年至1596年期间,他在攻打西班牙在中美洲的殖民地时发了一大笔财。当他满载抢来的西班牙财宝回到英国时,女王伊丽莎白一世把他封为骑士!

克里斯托弗·哥伦布

1492年，著名的意大利探险家克里斯托弗·哥伦布横渡大西洋，打算寻找一条通往中国的新航线。可是因为没有地图和航海图，他彻底迷失了方向，经过几个月的艰苦航行，他最终却发现了美洲。

这跟手册上讲的一点也不一样！

这到底是哪里？

中国

在这里,哥伦布和他的船员们发现了金矿,他们从没见过这么多的财富!为了在家乡人面前显摆一下,他们把大量偷来的金银运回了欧洲。哪里有黄金和船只,哪里就有海盗!

如果我这么干,你可别介意哦!

美洲新大陆的发现导致了大西洋上海盗数量的激增。这都是谁的功劳呢?哥伦布!

海盗的黄金时代从1650年持续到1730年。在这期间，涌现出了很多臭名昭著的海盗，其中就有令人闻风丧胆的黑胡子（更多信息在第44页）。世界各地的海岸线上遍布着成千上万的海盗，他们都想在海上发大财。

在这段时间里，很多穷人也加入海盗队伍。有超过5000名的海盗活跃在世界的海洋上！只要你的船上装着贵重的货物，那么它们就极有可能被海盗盯上。

最终，英国和其他欧洲国家决定采取行动，他们雇用了一批海盗猎手。1717年，英国国王还颁布了皇家赦免令，这意味着任何海盗都可以免受惩罚，回归正常生活。仅仅三年后，海盗的黄金时代便结束了。

形形色色的海盗船

海盗对船一点也不挑剔。任何能偷到的船,他们都不放过。常见的海盗船有以下几种:

西班牙大帆船

西班牙大帆船是重型战船,通常装有74门火炮。这种船体型巨大,可以搭载多达400名船员,并能够很好地对付大西洋变幻莫测的天气。

英国风帆战舰

英国风帆战舰是为了摧毁巨大的大帆船而建造的。此船长度超过60米,配有124门威力巨大的火炮,许多海盗都死于这种战船,包括传说中的黑胡子。

形形色色的海盗船

单桅和双桅帆船

海盗很喜欢单桅和双桅帆船。这些小船跑得快又易于操控,便于捕获体积大但速度慢的船只。它们最多可以搭载150名海盗,甲板上通常有14门大炮。

中国的平底帆船

船上巨大的扇形船帆能够借助并引导风向,即使在波涛汹涌的大海上也能航行。这种船有很多尺寸,最大的有100多米长!

三帆快船

有些船长喜欢时髦的船,只是为了炫耀。三帆快船是一个不错的选择!这种大船至少可以携带28门加农炮,攻击力非常厉害!

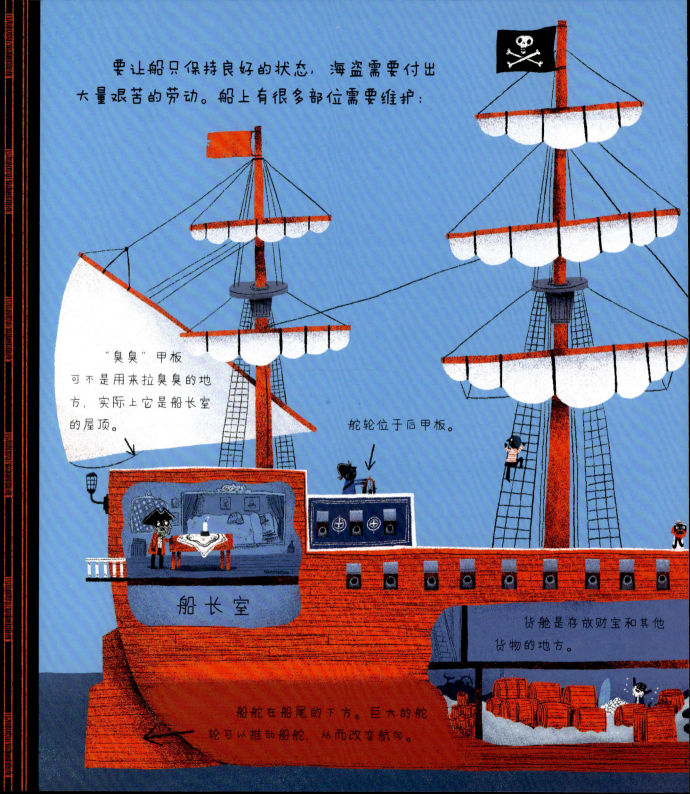

海盗船的构造

要让船只保持良好的状态，海盗需要付出大量艰苦的劳动。船上有很多部位需要维护：

"臭臭"甲板可不是用来拉臭臭的地方，实际上它是船长室的屋顶。

舵轮位于后甲板。

船长室

货舱是存放财宝和其他货物的地方。

船舵在船尾的下方。巨大的舵轮可以推动船舵，从而改变航向。

如果你觉得这些野蛮的海盗什么都不怕，那你就错了！许多海盗都害怕海怪。关于海怪的故事可以追溯到18世纪。传说中的海怪克拉肯是一种长得像乌贼的怪物，它会用触须缠绕船只，并将船员拖向死亡。

现在，海里的巨型乌贼能够很轻松地把小船毁坏。我们所知道的最大的乌贼有20米长，但谁知道还有没有比它更大的呢！

另一个可怕的故事是幽灵船"飞翔的荷兰人"。传说这艘船满载着船员的幽灵，在全世界到处航行。"飞翔的荷兰人"真实存在过。它于1641年启航，但在一场巨大的风暴中沉没了。

在它沉没后的几十年里，许多海盗声称看到它在公海上航行，听起来让人毛骨悚然！今天的历史学家认为，这些目击事件很可能是一种幻觉。

海上导航

一旦你有了一艘船和船员，就可以开始你的航海生涯了！可是海盗们是如何辨认航向的呢？

> 跟着那枚大硬币走！

> 船长，那是月亮。

我们通常认为海盗的地图上面标着大大的红色记号，但在茫茫大海里航行，仅靠一张地图可是不够的！在没有智能手机和GPS导航的情况下，海盗依靠太阳、月亮、星星和一些特殊的设备来找到航线。

海盗经常会在书中绘制地图，以此来记录他们航行经过的地方。这些书被称为"航海日志"，会详细描述航行方向，这对任何海盗来说都是无价之宝。还有其他一些便捷的导航工具：

海上导航

八分仪，用两面镜让水手同时看到太阳和地平线，从而来帮助他们弄清具体位置！

海盗们可以用望远镜发现远处的地标和岛屿。海盗把望远镜称作"把它们带过来"。

罗盘总是指向北方，这有助于海盗确定他们的正确航向。

尽管海盗又脏又臭，手上说不定还有钩子，但他们都是忠心耿耿、技术娴熟的水手。那么，如何才能成为一名海盗呢？需要去海盗学校吗？

大多数海盗一开始只是普通的水手，后来为了谋生而走上了犯罪的道路。还有一些人是因为船只被扣押和抢劫之后，只能当海盗为生了。

海盗船上的生活充满了挑战。船长可能有自己的卧室,但其他几十个人必须挤在甲板下面狭小的空间里。如果有人打呼噜怎么办?还有更糟糕的……

海盗船上是没有淋浴间的,所以最简单的办法就是不洗澡。这一点我很喜欢!

海盗的生活

认识船员

在海盗船起航之前,必须先召集船员。为了保证航行顺利,船上的每个海盗都要各负其责。

船长是由全体船员选出的。他负责制定船上的规则,并得到财宝中最大的一部分。他最重要的工作是领航。

舵手负责分发口粮、战利品和火药。他还负责分工和惩罚,所以最好还是跟他一伙!

虽然海盗穿的衣服看起来很滑稽，但他们的每件服饰都适合船上的生活。让我们看看他们都穿什么……

船长制服：

外套
通常用很结实的材料制成，可以使海盗在天气变冷时不那么难受。

靴子
很结实，能够适应长途航海生活。

三角帽
这顶大帽子是船长的象征。

马裤
非常肥大，像布袋一样的裤子。

哇哦！

级别较低的海盗穿的衣服跟船长的完全不同。他们要搬重物、升帆和打仗，所以他们需要穿着更轻便的衣服来完成这些艰苦的工作。

水手制服：

眼罩

在海上与敌舰作战时，眼睛可能会受伤。戴眼罩可以防止感染。

头巾

吸汗，保护头部不被阳光晒伤。不被鸟粪砸到！

耳环

如果海盗死在海上，这个足够支付他葬礼的费用了。

背心或宽松的衬衫

有条纹的衣服是你能买到的最贵的衣服之一。如果一个海盗偶然发现了一些，他可就走大运了。

这是时装表演吗？

这个帅哥是谁啊？

羊毛裤

（他们不穿内裤！）

不穿鞋！

海盗的服饰

27

规则和惩罚

船长用一套严格的规则来管理船员，这些规则被称作"海盗法则"。要加入一艘海盗船，船员们必须签署一份协议，承诺遵守纪律。下面是一些海盗法则：

海盗法则

1. 每个人都会获得等量的食物，如果食物不足，则要定量发放。
2. 船上不准赌博。
3. 任何偷窃或企图逃跑的人，被抓住后将被流放在荒岛上。
4. 如果两个海盗在甲板上争吵，他们将被带到岸上用剑或手枪决斗。
5. 必须要一直随身携带武器。你永远不知道下一场战斗什么时候打响！
6. 必须在八点钟以前熄灯睡觉。

海盗船上的生活非常艰辛，如果海盗违反规则，他们将面临可怕的惩罚。让我们来看看那些传说中的惩罚方法吧。天哪！

不，我不要走跳板！我会做最乖的海盗！

规则和惩罚

九尾猫

九尾猫是一种由九股绳子编成的鞭子。如果你做了坏事，就会挨这种鞭子。要是在绳子的末端打一些结，甚至挂上鱼钩，抽起来会更疼。

绑在桅杆上

你可能会被绑在桅杆上，在烈日下晒好几天。如果行为太恶劣，你的同伴可能会用锋利的小刀扎你。

走跳板

违规者可能会被蒙上眼睛，被迫去走一条连在船舷上的长木板。欢迎尝试史上最糟糕的跳板！

大多数海盗会认为被放逐到荒岛上是一种惩罚，但有一个人却不这样想……

亚历山大·塞尔柯克的奇闻怪事

苏格兰人亚历山大·塞尔柯克曾担任一艘私掠船的领航员。经过几次海战之后，塞尔柯克越来越担心自己所在的船可能会被击沉，于是要求在最近的岛上岸，并留下来。

没等他改变主意，船就被开走了，他孤身一人待在距智利西海岸700公里的马斯蒂拉岛（现在被称为鲁滨孙·克鲁索岛）。

起初，塞尔柯克一直待在岸边，每天抓些龙虾当饭吃。但没多久，他就难过起来，好想回到那些讨厌的同伴身边。

后来,海滩上海狮的叫声吓得他向岛内走去。在那里,他发现了属于自己的天堂。

在接下来的四年里,塞尔柯克为自己建造了一个舒适的小房子。

岛上的山羊为他提供羊奶、肉和皮毛,他还吃野生萝卜和卷心菜叶。

塞尔柯克甚至驯养野猫,训练它们赶走夜间偷袭的老鼠。虽然他有些孤独,但一点也不无聊。

1709年2月,一艘船来到这里。塞尔柯克穿着破旧的山羊皮,热烈欢迎船员们。他给客人们做了一些山羊肉吃,船员们愿意带他回去过正常的生活。

一开始,塞尔柯克不想走,毕竟他给自己建造了非常舒适的家园!但最终他同意了,并成为一名非常了不起的私掠船船长。

海盗旗

一旦你买来或偷来一艘船,首先要在上面挂一面吓人的旗子,来警告其他海盗离你远点儿。最有代表性的海盗旗是白色骷髅海盗旗。这是一面黑色的旗子,上面画着白色的骷髅头和两根交叉的骨头。真够吓人的!

有些海盗会对他们的海盗旗进行别出心裁的设计，想出一些他们特有的、令人毛骨悚然的图案。红色图案的旗子格外吓人。如果看到迎面驶来的船上飘着红色的旗帜，就意味着离死亡不远了——船上的海盗可不会手下留情！

海盗旗

这样我的裤子就不会往下掉了!

这个吃起来嘎嘣脆!

咸牛肉干硬得像石头,竟然能用来做雕刻!水手们经常把它刻成纽扣和皮带扣。

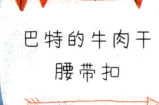

巴特的牛肉干腰带扣

把朗姆酒和水掺在一起就成了格罗格酒,这能使朗姆酒的保质期延长一倍。它里面还添加了柠檬汁,给海盗提供了一定剂量的维生素C,这样患坏血病的概率就小多了!

幸运的海盗也许能在航行中偶然发现其他好吃的东西——甚至有一些对健康有益的食物!但是这种好事可不常有……

危险的疾病

一群不洗澡的人挤在船上狭小的空间里、吃着爬满虫子的食物、喝太多的酒、还打架,这是多么不健康的生活方式!因此海盗很容易得一些可怕的疾病。

重病警告!
(船员保健指南)

坏血病

坏血病是缺乏维生素C(存在于水果和蔬菜中)引起的。一定要注意它的早期症状,如牙龈出血、牙齿脱落、皮肤发黄、感到疲倦,情绪低落等。

这给你带来什么启发呢?要经常吃绿色蔬菜!

坏疽

被割伤是很常见的事,但如果伤口感染了,小伤很快就会变成坏疽。

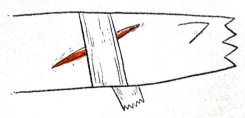

如果你的皮肤开始腐烂,应该立即通知别人——阻止感染扩散的唯一方法是砍掉被感染的肢体!

危险的疾病

如果一个海盗失去了一条腿，他可能会安上一条假腿或者是一个钩子！这可不是海盗化装晚会上的好玩表演，有些海盗确实是这样做的！

有钱的海盗会找医术高超的医生看病，还会有厉害的工匠用金属和木头给他们做假肢。这些人造肢体也叫"义肢"。

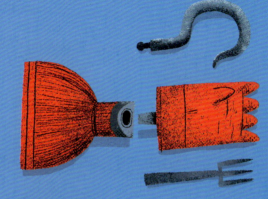

不要动！

那些请不起医生的人只好将就着找个人做手术——厨师啦，木匠啦，只要他有一把锋利的斧子就行。太恐怖了！

如果海盗失去了一条腿，他们通常会用两块木板作为拐杖（但这样超级不舒服）。有钱的海盗可以给自己弄条假腿——一条绑在大腿上的木头、骨头或金属，这样他们不用别人帮忙就可以走路了。

海盗的武器

轰！啪！砰！海盗船上总是备有充足的武器，以便随时准备攻击。让我们看看他们的武器库里都有什么：

做决定，做决定……

弯刀通常有短而弯曲的刀刃，更容易在甲板上挥舞。

鞘是一种用来装刀和匕首的套子，可以让刀刃保持清洁和锋利。

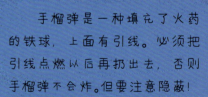

手榴弹是一种填充了火药的铁球，上面有引线。必须把引线点燃以后再扔出去，否则手榴弹不会炸。但要注意隐蔽！

武器库
（谨慎操作）

海盗的武器

毛瑟枪是一种长筒枪。它能远程开火，这让海盗在战斗中占据优势。

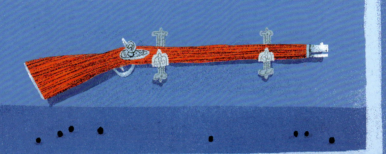

匕首是一种小刀，容易隐藏，便于偷袭。它两边的刀刃都很锋利。

燧发枪是一种便于携带的小型手枪。在遭遇敌舰，进行一对一的搏斗时，可以派上用场。

加农炮是一种装在船上的又大又重的炮。填充火药之后，它能把一个重重的铁球发射到900米远的地方！

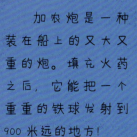

海盗的战利品

海盗绝不仅仅抢劫金币和其他财宝。实际上，这些只占了海盗战利品中很小的一部分。他们还会抢些什么宝贝呢？

在17世纪，很多国外的物品被运送到一些新兴帝国。商船上载满了布匹、兽皮、香料、糖、染料、可可、烟草和棉花等物品。即使没有黄金，船上的这些货物也是非常值钱的。海盗把抢来的货物卖给一些不法商贩。

海盗的战利品

在敌舰上发现的食物和饮料都是非常宝贵的。比起那些生了虫的面包，一桶大米将大大改善海盗的伙食。如果抢劫的是渔船，海盗的菜单上就能多一些美味的海鲜了。

持续不断的战斗和恶劣的天气条件意味着海盗船经常会损坏。海盗会从其他船只上抢一些零件来替换，让自己的船焕然一新。如果海盗的船已经坏得没法修了，他们就会把整艘船都抢走！

女海盗

女性是不允许当海盗的,但仍然有很多不遵守常规的女人活跃在海洋上,有些甚至加入了海盗团伙,掌管着自己的海盗船!

格雷丝·奥马利(1530—1603)

是已知最早的女海盗之一。她指挥着一支忠诚的水手队伍和一支由20艘船组成的舰队。有很多关于她的传说——有人说她生完孩子当天就回去打仗了!

雅克科特·德拉哈耶(1630—1663)

需要钱来照顾她的哥哥,所以她当了海盗。为了逃避惩罚,她先是装死,又假扮成男人。后来,雅克科特公开了自己的身份,并赢得了"复活者"的绰号。

玛丽·里德(1695—1721)

当她的船被以安妮·邦尼和棉布杰克为首的海盗劫持时,她伪装成了一个叫马克的男人,并跟随他们一起航海。有人说只有安妮和杰克知道玛丽的真实身份!

女海盗的故事可以追溯到 16 世纪。人们对这些女人的生活知之甚少，但如果下面这些传说是真的，那么她们可以算得上是世界上最勇敢、最成功的海盗了！

安妮·邦尼（1698 — 1782）

生于爱尔兰。自从在巴哈马群岛遇到棉布杰克后，她的大部分人生都是在名叫"复仇者"的海盗船上拼杀。跟她在一起的，还有一个叫玛丽·里德的女海盗。

雷切尔·沃尔（1760 — 1789）

她和她的丈夫非常穷。于是这对夫妻就出海航行，假装他们的船遇到危险，然后抢劫前来救助他们的人。仅仅在一年之内，他们就杀害了 24 名水手，并抢劫了价值 6000 美元的财宝！

郑石氏（1775 — 1844）

威震中国的沿海地区，她的舰队是当时世界上最大的舰队之一，共有 400 艘船和 7 万名水手！当她被抓住时，她交出了船只和船员，从而保全了她的财富。

黑胡子船长

黑胡子是历史上最著名的男海盗，有很多关于他的恐怖传说。和大多数海盗一样，他的寿命也不长。故事和电影中的一些海盗形象都是以他为原型创作的。

当黑胡子向你走来时，你首先会看到一团烟雾，这是因为他把冒烟的导火索编成辫子，塞到头发和胡子里，让自己看起来更吓人。再加上他挂在胸前的手枪，让你感觉黑胡子无所不能。

黑胡子的船被称为"安妮女王的复仇者"（这艘船在被他抢来之前，名字叫"协和"号）。你肯定不想碰到这艘船，因为它上面装载了30多门威力无比的大炮！

从1716年到1718年，黑胡子和他的船员们在大海上横行霸道，最终被英国皇家海军抓获并处决。

在历史上，有很多凶残的海盗称霸海洋。下面就让我们见识几位最著名的海盗船长，这些人里面既有杀人如麻的强盗，也有非常狡猾的航海高手：

棉布杰克（1682 — 1720）

　　英国人，他的外号源自他的衣服，是用昂贵的印第安棉布做的。他之所以出名，是因为他设计了著名的白色骷髅海盗旗！

黑巴特（1682 — 1722）

　　黄金时代最成功的海盗，掠夺了大量的金银珠宝。起初，他是被迫加入海盗的，但后来，他却成了海盗中的佼佼者，共捕获、抢劫了400多艘船。

亨利·埃夫里（1659－不详）

一个神奇的海盗，就连他的船名都叫"梦幻号"！他的海盗生涯短暂，但非常成功。在他隐退之后，没人知道他去了哪里，但可以肯定的是，他的后半生过着非常奢华的生活。

弗朗索瓦·奥朗尼斯（1635－1668）

以残暴著称。他嗜血成性，声名狼藉。据说在一次抢劫中，他竟然把一名西班牙士兵的心脏吃掉了！

威廉·基德（1645－1701）

虽然他不是最厉害的海盗，但他确实发现了一些宝藏，并把它们埋在了美国纽约海岸附近的一个小岛上。据说他的财宝还在那里……

海盗天堂

海盗偶尔也需要休假！在经历了一段时间的激烈战斗和抢劫之后，船长会带着他的船员去海盗天堂休整一下，那是一个被海盗统治的小镇。如果你有宝贝要卖，在那里很快就会脱手。

今天，巴哈马群岛的新普罗维登斯岛是一个度假天堂，那里有很多奢华的酒店。但在18世纪时，那里却到处都是海盗。岛上的拿骚市是著名的海盗天堂，世界各地的海盗船员聚集在这里进行非法交易，并招募新船员。

海盗天堂

在16世纪，爱尔兰西海岸的克鲁湾是海盗格雷丝·奥马利的老巢，她是最恐怖的海盗之一。在那里，她统领着数百名船员和20艘海盗船。

马达加斯加附近的圣玛丽岛是另一个著名的海盗天堂。在17世纪90年代，那里的人口大约有1500人。对于许多疲惫不堪的海盗来说，那里是一个重要的补给基地，他们希望能在打完仗之后到那里休息一下，并为船只补充物资。

戴维·琼斯

多数情况下,海盗都非常勇敢,无所畏惧,从来不害怕打仗。但是有个名字,即使是最勇敢的海盗听了也会害怕,有的人就连小声说说都不敢。到底是什么名字这么吓人?**戴维·琼斯**。

好吧,对我们来说没那么可怕,但戴维·琼斯确实是海盗们的噩梦。他被认为是海的灵魂,据说不管在哪儿出现海难,都会看到他的鬼魂,特别是在船只沉没和水手丧命的地方。

没有人知道这个名字的确切来历，但人们认为海底所有的东西都属于戴维·琼斯，所以海盗也把海底称作"戴维·琼斯的财宝箱"。

我们也许永远也弄不清深海究竟藏着什么秘密。无价之宝、大名鼎鼎的船只的残骸……还是戴维·琼斯本人？嘘，还是不要说出他的名字为好！

截至19世纪，有组织的海盗基本都被消灭。海盗天堂要么被关闭，要么被接管，要么被彻底摧毁。欧洲的国王们再也不想看到自己的财富被抢走，于是他们关闭了港口，以前所未有的力度打击海盗。

海盗减少的另一个原因是19世纪30年代蒸汽船的发明。这些新型船只功能强大,可以在不靠风帆的情况下快速穿越海洋,这意味着它们可以到达那些旧式海盗船无法到达的地方……当然,也能轻松抓住他们。

全速前进!

很快,就只剩下一小群海盗了。对他们来说,与其被抓起来绞死,还不如放弃抢劫,去做些别的事情。

海盗的覆灭

今天的海盗

不过，直到今天，仍然有海盗存在，他们给过往的船只带来了很大的麻烦，比如臭名昭著的索马里海盗。如今的海盗使用更高端的技术，包括夜视镜和GPS导航系统等。

见识一下我的装备！

虽然海盗活动没有以前那么猖狂，但每年仍然约有300起海盗事件发生。哎呀！

近年来，海盗发生了很大的变化，但就像罗伯特·路易斯·史蒂文森的小说《金银岛》和J.M.巴里的小说《彼得·潘》中描述的那样，海盗的行为方式并没有发生根本变化。

把自己打扮成海盗，假装在甲板上，说几句海盗黑话还是挺有意思的：

9月19日是国际海盗日，这一天每个人都可以用海盗的方式说话，过一把海盗瘾。但是可不要走火入魔哦！

今天的海盗

海盗时间表

公元前 1200 年
在地中海出现海盗。

公元 800 年—1066 年
北欧海盗侵犯北美、欧洲、北非和地中海等地区。

公元 1492 年
哥伦布登陆美洲并建立了西班牙殖民地。

公元 1718 年
黑胡子被处决。

公元 1720 年
海盗安妮·邦尼、玛丽·里德和棉布杰克被捕。

海盗时间表

公元 1580 年
弗朗西斯·德雷克爵士完成了他的环球旅行。

公元 1650 年
海盗的黄金时代开始了。

公元 1730 年
海盗的黄金时代结束。

公元 1830 年
蒸汽船投入使用。

20 世纪 90 年代至今
少数海盗仍然威胁过往船只。

57